AF320751

NOTICE BIOGRAPHIQUE

SUR

FIESCHI, DIT GÉRARD,

Depuis sa Naissance

JUSQU'AU JOUR DE L'HORRIBLE ASSASSINAT COMMIS LE 28 JUILLET 1835, SUR LE BOULEVART DU TEMPLE;

SUIVIE

D'UN DÉTAIL SUR LA FEMME PETIT ET NINA LASALLE.

————

A PARIS,

CHEZ L'EDITEUR, IMPASSE SAINT-SÉBASTIEN, N° 2,
Près du Boulevart des Filles-du-Calvaire.

—

AOUT 1835.

Imprimerie de J.-R. MEVREL, Passage du Caire, 54. PARIS.

NOTICE

BIOGRAPHIQUE

SUR

FIESCHI DIT GÉRARD.

« Au moment où l'opinion publique est si vivement excitée par le désir de connaître la personne,
le caractère, les mœurs, la vie de Fieschi ; où chacun
cherche à deviner la cause qui a poussé ce misérable
à commettre un attentat aussi horrible que celui du
28 juillet, nous pensons qu'on ne lira pas sans intérêt
la note suivante. Les renseignemens qu'elle contient
émanent de bonne source, et nous en garantissons
l'authenticité.

» Fieschi est d'une taille moyenne, 5 pieds environ,
maigre, brun, cheveux rares, front découvert, yeux
noirs, petits, enfoncés dans leurs orbites, nez aqui-
lin, pommettes saillantes, bouche fendue, menton
plat et un peu prononcé. Son regard est assuré, son
allure vive, son caractère plein d'énergie et de fermeté.

Sa prononciation est fort accentuée ; ses manières sont familières, et il se met promptement à l'aise avec les personnes qu'il connaît le moins.

» Habile mécanicien, Fieschi a construit et monté seul, dans le moulin Croulebarbe, un métier à tisser d'une exécution compliquée et difficile. Doué de beaucoup d'agilité naturelle, il excelle dans tous les exercices gymnastiques, et particulièrement dans celui du bâton et de l'escrime. On se fait aisément une idée de son adresse, de sa force physique et même de son sang-froid lorsqu'on réfléchit à ce qu'il lui a fallu de courage pour, mutilé comme il était, se laisser glisser d'un troisième étage et avec une seule main.

» Fieschi n'est pas marié. Il n'a donc ni femme ni beau-père, comme on s'est plu à le dire ; il vivait, il est vrai, maritalement avec la femme Lasale, désignée maintenant sous le nom de femme Petit. Cette femme exerçait sur son amant une grande influence.

» Fieschi n'a jamais fait partie de la société des Droits de l'Homme. Quoiqu'il affectât des opinions très-exaltées, il était signalé par des hommes très-influens de ce parti comme un espion de la police. Il ne s'est donc jamais trouvé en rapport avec le parti républicain. Du reste, Fieschi possè de toutes les qualités nécessaires pour se poser chef de complot : c'est un Masaniello au petit pied.

» Cet homme était avide d'argent ; il fréquentait les maisons de jeu aussitôt qu'il pouvait distraire quelques pièces de 5 fr. de son ménage. On l'a rencontré, par exemple, dans les cloaques du Palais-Royal.

« Fieschi a habité successivement Lodève, Montpellier, Lyon et Paris ; il travaillait à Lodève sous le nom de Gérard, dans une manufacture de drap, en qualité d'ouvrier tisserand.

Fieschi naquit en 1788, dans un village près d'Ajaccio. Dès sa plus tendre jeunesse il donna des preuves d'une grande énergie et d'une rare intelligence ; mais issu de parens pauvres, ces qualités naturelles ne purent se développer, ou plutôt furent faussées dans leur développement ; il n'avait que 14 ans lorsque, abandonnant ses parens et sa patrie, il se rendit à Naples et s'engagea dans un régiment d'infanterie légère ; il montra beaucoup de zèle, une audace et un sang-froid au-dessus de son âge ; grâce à son intelligence, il apprit promptement à lire et à écrire, et à l'âge de dix-huit ans il était parvenu au grade de sergent.

Cet avancement n'était pourtant pas de nature à satisfaire l'amour de l'or, passion qui, chez Fieschi débordait déjà toutes les autres ; et tout porte à croire que lors de l'avènement de Murat au trône de Naples, ce misérable, sans quittter les rangs de l'armée, se fit espion. Il ne laissa pas néanmoins de faire preuve, en plusieurs circonstances, d'un courage et d'une fermeté à toute épreuve. On le cita bientôt comme l'un des plus intrépides soldats du roi Joachim, et il fut décoré par ce prince auquel il resta fidèle jusqu'en 1815.

A cette époque la fortune de Murat changea ; ce prince, après avoir joint ses armes à celles des puissances alliées qui menaçaient d'accabler la France, se trouva lui-même obligé de se défendre contre la formidable coalition dont il avait fait partie, et il appela aux armes l'Italie tout entière. Après quelques succès, Murat, battu par les Autrichiens, se retira de Boulogne, et fit sa retraite par la marche d'Ancône. Fieschi crut le moment favorable pour reprendre son métier d'espion ; il déserta, passa dans les rangs autrichiens, et l'on suppose que les renseignemens qu'il y porta contribuèrent puissamment au gain de la bataille du 2 mai, où l'armée du Murat fut anéantie par les généraux Neupperg et Bianchi.

Soit que le métier d'espion n'eut pas été plus lucratif, pour Fieschi, que celui de soldat, soit qu'il eut perdu, par des circonstances fortuites, le produit de sa trahison, il revint en Corse vers le milieu de l'année 1815, dans le dénuement le plus complet ; presque en même temps, Murat détrôné et traqué par la police de France, se réfugia dans cette île, à Vescovato, chez le général Franceschetti ; Fieschi apprit promptement l'arrrivée du prince ; il s'empressa de se présenter à lui et de lui offrir ses services qui furent acceptés.

Murat, qui n'avait pas perdu l'espoir de remonter

sur le trône, chargea Fieschi d'une mission secrète ce dernier se rendit à Naples ; et il est probable qu'à cette époque, au lieu de servir le prince fugitif, il se fit l'agent des Bourbons dont le gouvernement était nouvellement rétabli. Ce qui est certain, c'est que, de retour en Corse, il fit à Murat un rapport merveileux sur l'esprit politique des Napolitains ; il assura que le roi Joachim n'aurait qu'à se montrer pour que l'armée et la population entière se rangeassent autour de lui ; il affirma que Murat arriverait à Naples aussi facilement que Napoléon, à son retour de l'île d'Elbe, était arrivé à Paris, et il fit tant que le prince, poussé d'ailleurs par son caractère aventureux, résolut d'entreprendre cette incroyable expédition qui devait le conduire à la mort.

Murat réunit donc environ deux cents hommes qu'il arma tant bien que mal ; il acheta six barques pontées, sur lesquelles il s'embarqua avec ces aventuriers, dont il donna le commandement à un nommé Barbara, marin obscur, qui dès lors était lié avec Fieschi.

Cette pauvre escadre fit voile d'Ajaccio, le 28 septembre 1815, pour les côtes de Naples ; mais à peine eût-elle gagné le large, qu'un coup de vent la dispersa. Barbara, qui montait la même barque que le Prince et Fieschi, offrit de conduire cette barque et une autre qui l'avait ralliée au port de Pizzo ; Murat accepta et les barques arrivèrent dans ce port le douze octobre à midi.

Fieschi offre alors de se rendre à terre le premier; il prie le roi de lui remettre son passeport, assurant qu'à la vue de cette pièce, les douaniers se rangeront autour lui; le prince qui commençait à entrevoir la trahison, refusa de le lui remettre, et déclara qu'il marcherait à la tête de ses compagnons, le débarquement s'opère; Fieschi demande à marcher en éclaireur avec quelques hommes; il s'élance en avant et disparaît bientôt.

Une heure s'écoule; le roi et les hommes qui l'accompagnaient se dirigeaient rapidement vers Montéléone, lorsqu'ils furent tout à coup enveloppés par une troupe de paysans et de gendarmes qui les assaillirent à coups de fusils : un homme est tué, sept sont blessés; forcé de prendre la fuite, le roi retourne vers le lieu du débarquement; mais Fieschi qui probablement ne s'était élancé en avant que pour prévenir l'autorité et recevoir le salaire de son crime, avait déjà rejoint Barbara; celui-ci avait levé l'ancre immédiatement; les barques étaient déjà bien loin lorsque le roi arriva au bord de la mer où il fut arrêté avec ses compagnons.

En 1816, Fieschi vint en France, où il fut condamné pour vol avec circonstances aggravantes à dix ans de réclusion et à la surveillance de la haute police pendant toute sa vie! Il subit toute sa peine dans les prisons d'Embrun, au sortir desquelles Lyon lui fut désigné pour résidence. Quelques temps après, il rompit son ban, prit le nom de Gérard et s'en alla sous ce faux nom travailler à Lodève (Hérault).

» Vers la fin de 1830, M. Caunes aîné ayant été nommé inspecteur des travaux d'assainissement, vint se loger dans la rue de Buffon. Dans la même maison se trouvait M⁣ᵐᵉ Fieschi (femme Lasale, femme Petit) ; M. Caunes la chargea du soin de son ménage de garçon. Fieschi faisait alors partie d'une compagnie de sous-officiers sédentaires, casernée dans la rue du Jardin-du-Roi. Il se plaignait amèrement de son sort et de l'ingratitude du pouvoir, qui, disait-il, méconnaissait ses services. M. Caunes, homme d'une obligeance peu commune, fit tous ses efforts pour améliorer la position de Fieschi qui, doué d'une rare dissimulation, avait su se rendre intéressant à ses yeux en racontant ses aventures. C'était avec des histoires si bien bâties qu'il avait capté la bienveillance de plusieurs personnes honorables qui ont fait tous leurs efforts pour lui être utiles. M. Caunes l'attacha à un atelier des travaux de la Bièvre, où il gagnait 2 fr. par jour ; et, plus tard, la ville de Paris ayant fait l'acquisition du moulin Croulebarbe, rue du Champ-de-l'Alouette, M. Caunes le fit nommer gardien de cet établissement. Ce fut alors que Fieschi donna sa démission de sous-officier sédentaire pour aller, avec la femme Petit, habiter ce moulin, jusqu'à l'époque où M. Caunes, s'apercevant de plusieurs infidélités commises dans le service, le renvoya de ses travaux. Ceci se passait au mois de septembre ou octobre 1834.

» On a dit que Fieschi avait usurpé la qualité de condamné politique, et qu'avec des titres faux il avait obtenu des secours de la commission créée après la révolution de juillet. Le fait est à peu près exact. Je dis à peu près, parce qu'il est constant que Fieschi est un condamné politique, mais un condamné politique étranger, c'est-à-dire un condamné napolitain. Une sentence de mort avait été prononcée contre lui, à Naples, à l'issue de la malheureure expédition de Murat. On se rappelle qu'alors le général Franceschetti ne voulut accepter la grace que le gouvernement sicilien lui offrait, qu'à la condition que ses soldats seraient compris dans l'amnistie ; et, en effet, les soldats qui faisaient partie de cette expédition aventureuse, furent transportés en France. Les officiers débarquèrent à Toulon, et les soldats à Marseille.

» Fieschi, fort jeune alors, demanda et obtint la permission d'aller en Corse visiter sa famille. Il trouva son père et sa mère morts, sa sœur mariée : il réclama à celle-ci sa portion de l'héritage paternel, fort mince à ce qu'il paraît, car lui-même ne l'estima qu'à la valeur d'une vache. Sa sœur et son beau-frère méconnaissant ses droits, il voulut se faire justice de ses propres mains ; il courut dans le pré voisin, s'em-

para d'une vache qu'il amena au ma... né pour la ven-
dre. Ce trait d'audace avait été exe... en plein jour,
en présence de plusieurs personnes qui n'opposèrent
aucune résistance à Fieschi, parcequ'elles le connais-
saient d'un caractère à ne pas se laisser enlever sa
proie sans combat.

» Sur le marché où Fieschi amena sa capture,
l'autorité avait établi un agent qui ne permettait pas
qu'aucun objet fut exposé en vente avant qu'il n'eût
donné son visa et que le possesseur n'eût justifié de
ses droits par un certificat de propriété signé du maire
de sa commune. Fieschi, ne pouvant exhiber une
telle pièce, fabriqua sur-le-champ, avec l'assistance
d'un de ses amis, un certificat revêtu de toutes les
formes légales; signature du maire, cachet de la mu-
nicipalité, rien n'y manquait.

» Comme soldat de l'expédition de Murat, Fieschi
avait éveillé à son débarquement en France, l'atten-
tion du gouvernement français, et le ministre de l'in-
térieur l'avait signalé à la surveillance de la police
condamné politique. Ce fut à l'aide de ces indications
officielles, qui l'avaient suivi à Montpellier, Lodève,
Lyon, etc., que Fieschi trompa la religion de la commission des condamnés politiques, et obtint pendant
trois mois un secours de 25 f. par mois, en tout 75 f.
Mais la vérité ayant été découverte, il fut, pour ce fait,
rayé des contrôles des condamnés, dénoncé à l'autorité et traduit devant le tribunal ds police correction-

nelle. Ce fut pour ne pas tomber dans les mains de la police, qui le poursuivait avec activité, qu'il abandonna le moulin de Croulebarbe. Il paraissait tenir beaucoup à ne pas être perdu dans l'opinion des personnes qui s'étaient si vivement intéressées à son sort; les découvertes de la police à son sujet aigrirent son caractère, et les dernières paroles qu'il adressa à M. Caunes, qui lui conseillait de se constituer prisonnier, vu le peu de gravité de son affaire, furent celles-ci : « On ne me prendra jamais vivant. » Et il montra d'un air farouche le fouet armé de balles de plomb qu'il portait caché dans sa poitrine.

» On s'est beaucoup occupé de savoir si Fieschi avait été employé par la police, et surtout s'il avait été en Italie surveiller la duchesse de Berri. Nous avons tout lieu de croire que Fieschi fut employé par M. Baude, à qui même il eut l'audace de dire : « Monsieur le préfet, en temps de révolution, il est des personnes dont on a besoin de se défaire sans bruit, et dont on ne doit compte qu'à Dieu, disposez de moi, je m'en charge. » Mais que Fieschi ait été au service de M. Gisquet, c'est ce que les circonstances que nous venons de rapporter ne semblent point admettre. Quoiqu'il en soit, il est évident qu'il n'a pas été en Italie pour surveiller la duchesse de Berri ; car, depuis la fin de 1830, il est resté employé sur les ateliers que dirigeait M. Caunes, alors inspecteur des travaux d'assainissement. Ce fonctionnaire, et plusieurs autres personnes ont vu Fieschi presque tous les jours jusque vers le commencement de 1835, et sa signature est de plus apposée en émargement sur toutes les feuilles de comptabilité mensuelle; de sorte que, s'il a été en Italie, ce ne peut être que postérieurement au mois de janvier 1835.

» Fieschi est un de ces bravi Italiens qui portent dans la perpétration et l'étalage d'un meurtre, le même orgueil que les vrais braves portent dans l'accomplissement d'une belle et généreuse action.

» On assure qu'après avoir refusé de reconnaître M. Ladvocat, il lui dit, dans une sorte d'épanchement : « Monsieur Ladvocat, promettez-moi une chose. — Laquelle? — C'est d'être présent lorsque je monterai sur l'échafaud. Vous verrez de quel œil Fieschi regardera l'instrument de sa mort. Vous verrez si mes jarrets fléchiront, et vous direz : Je reconnais là Fieschi. » C'est une sorte d'Érostrate moderne. D'un autre côté, comment allier cette froide intrépidité avec le bas amour du gain dont il paraît dévoré? A-t-il cédé à ses impulsions? A-t-il été dominé par une volonté étrangère qui l'aurait poussé à cet exécrable forfait? Quelle est la cause politique, s'il y en a une, qui a conduit son bras?

» Nous pouvons ajouter à ces détails quelques faits qui concernent la femme Petit. Cette femme, aux formes communes, se distingue cependant par des connaissances assez étendues et une élocution facile. S'il faut l'en croire, sa famille occupe une position assez élevée en province. Son physique n'est pas agréable : elle est maigre, grande, très-brune ; son accent méridional est très-prononcé ; elle parle un langage mielleux et insinuant, dont il faut se défier, car la vérité n'est jamais sur ses lèvres, et elle soutient une imposture avec une audace qui étonne ; son regard oblique ne fixe jamais en face. La femme Petit avait une très-grande influence sur Fieschi, qui était convaincu de sa supériorité, et lui obéissait comme un enfant. Elle recherchait toutes les occasions de faire valoir sa bonté, sa grandeur d'ame, la générosité de son cœur, et la délicatesse de ses sentimens ; elle vantait aussi son désintéressement et son dévoûment pour ses amis. A ce sujet, elle a raconté à quelques personnes une anecdote qui, dans les circonstances actuelles, est d'une importance telle qu'on serait coupable de ne la point signaler, car elle peut servir a éclaicir certains doutes et à raffermir certaines convictions ébranlées. Voici le fait dont nous garantissons l'exactitude : Elle disait souvent qu'elle avait rendu un service signalé à un éminent personnage du pouvoir déchu, qu'elle l'avait caché plusieurs jours chez elle, dans une circonstance grave, et que, au moment de la quitter, ce personnage lui avait présenté une bourse pleine d'or, en l'assurant que là ne se bornerait pas sa reconnaissance ; mais qu'elle s'était sentie humiliée d'un pareil procédé, et qu'elle avait repoussé ce don avec énergie. Alors le grand et mystérieux personnage l'aurait embrassée tendrement, et lui aurait dit : « Je ne vous oublierai jamais, et si nous revenons au pouvoir, vous ne serez plus malheureuse. »

Cette femme, après 1830, partagea le sort de Fieschi, c'est-à-dire qu'elle le suivit au moulin Croulebarbe, où elle était encore vers le milieu de l'année 1834. Cependant elle quitta Fieschi à la suite de querelles domestiques, dont la véritable cause nous est inconnue, et elle alla s'établir au marché des patriarches, où elle vendait du pain pour le compte d'un boulanger ; plus tard, elle tint une table bourgeoise, à laquelle se réunissaient quelques étudians en médecine.

Nina Lasalle, cette jeune fille qui a excité aussi l'atention publique, et chez laquelle on a trouvé la fameuse malle qui a tant voyagé dans Paris, est âgée de vingt ans environ ; elle est fille de la femme Petit. Après 1830, elle entra à l'hôpital de la pitié, où M. Lisfranc l'a traitée long-temps pour une maladie scrofuleuse, qui l'a laissée estropiée d'une main, et l'a rendue borgne. Les journaux ont fait confusion lorsqu'ils ont dit qu'il y avait une troisième femme qu'on ne retrouvait plus, qui était borgne, et à laquelle il manquait des doigts de la main. Cette indication ne peut évidemment s'appliquer qu'à Nina Lasalle.

FIN.

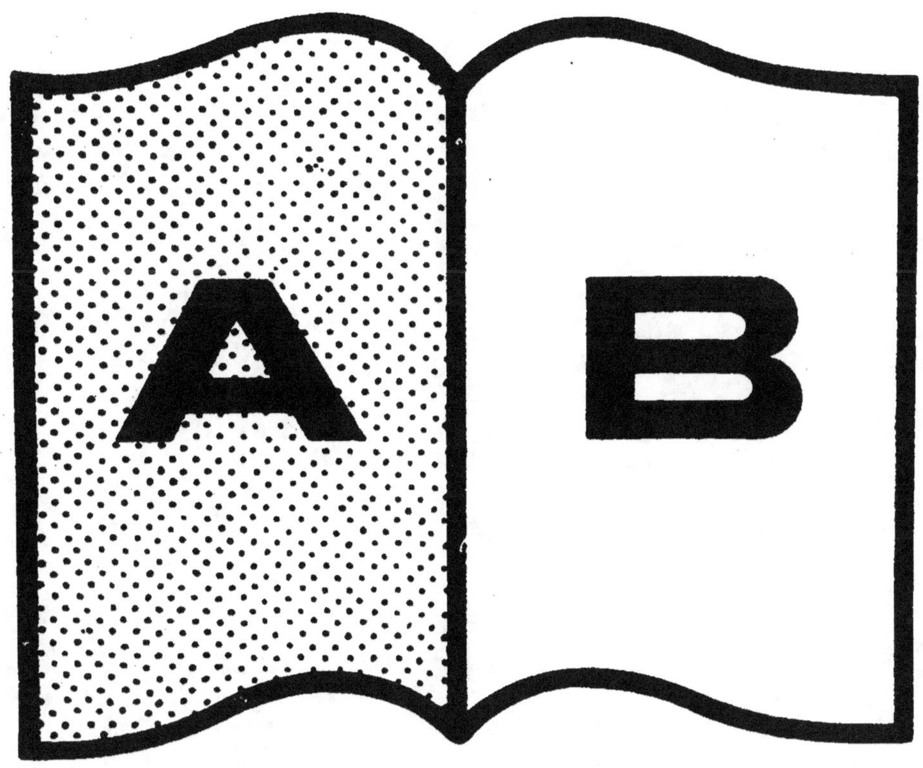

Contraste insuffisant

NF Z 43-120-14